"Heaven Lakes" is Hannibal's new book of photographs, combining beautiful photos of Italian lakes with a strong guiding thread.

The black and white emphasizes the heavenly feeling that one has when looking at the shots, which demonstrate the great visual quality of the productions of our photographer.

Browsing "Heaven Lakes" means taking a virtual walk through beautiful places, touching moments immortalized by Hannibal's camera: a really nice way to feel in paradise...

I leave you to relax, reminding you that Hannibal has the ability to keep the quality book after book high, and here you have yet another proof.

 Fabio Rancati

"Heaven Lakes" è il nuovo libro di fotografie di Hannibal, che unisce con un forte filo conduttore bellissime foto di laghi italiani.

Il bianco e nero enfatizza la sensazione paradisiaca che si ha guardando gli scatti, che dimostrano la grande qualità visiva delle produzioni del nostro fotografo.

Sfogliare "Heaven Lakes" vuol dire fare una passeggiata virtuale attraverso posti bellissimi, toccando attimi immortalati dalla macchina fotografica di Hannibal: davvero un bel modo per sentirsi in paradiso...

Vi lascio quindi al vostro relax, ricordandovi che Hannibal ha la capacità di tenere alta la qualità libro dopo libro, e qui ne avete l'ennesima prova.

Fabio Rancati

Soraga

Serraia

Santa Caterina - Auronzo

Misurina

Massaciùccoli

Mantova

Ledro

Landro

Fiè

Dobbiaco

Delle Piazze

Cavedine

Carezza

Braies

Antorno

Soraga

Serraia

Santa Caterina - Auronzo

Misurina

Mantova

Ledro

Landro

Fiè

Dobbiaco

Delle Piazze

Cavedine

Carezza

Braies

Antorno

Soraga

Serraia

Santa Caterina - Auronzo

www.ingramcontent.com/pod-product-compliance
Lightning Source LLC
Chambersburg PA
CBHW041259180526
45172CB00003B/900